Marie-Laure Tombini

Baştan Çıkarıcı Lezzet

# ÇİKOLATA!

Güzeldünya Kitapları

Copyright © Editions Mango, Paris 2007

Copyright © 2009, Güzeldünya Kitapları
Bu kitabın Türkçe yayın hakları Güzeldünya Kitapları'na aittir.
Tanıtım için yapılacak kısa alıntılar dışında yayıncının izni olmaksızın
hiçbir yolla çoğaltılamaz.

Çeviri ve Yayına Hazırlayan: Banu Özdemir Toros
Kapak ve Mizanpaj: Güzeldünya Kitapları
Dünya Dağıtım: Bookcity.Co / UK

ISBN: 978-9944-0775-6-9

Güzeldünya Kitapları Basım Yayın San. ve Tic. Ltd. Şti.
Tel: 0212 2030137 E-posta: info@guzeldunya.com.tr
www.guzeldunya.com.tr

# içindekiler

| | | | |
|---|---|---|---|
| 4 | Çikolata Parçalı Kurabiye | 18 | Çikolata ve Portakallı Kurabiye |
| 6 | Antep Fıstık ve Çikolatalı Browni | 20 | İngiliz Tarzı Krem Şokola |
| 8 | Kakao ve Tarçınlı Lezzet Bombaları | 22 | Çikolata ve Muzlu Kırıntı Pastası |
| 10 | Çikolatalı Karamel | 24 | Çikolata ve Bademli Kek |
| 12 | Çikolata ve Limonlu Cheesecake | 26 | Beyaz Çikolata ve Frambuazlı Kek |
| 14 | Çikolatalı Aşk Kafesi | 28 | Ultra Çikolatalı Ziyafet |
| 16 | Sıcak Çikolata | 30 | Çikolatalı Makaron |

| | | | |
|---|---|---|---|
| 32 | Çikolata ve Antep Fıstıklı Mermer Kek | 50 | Bonibon® ve Pötibör Bisküvili Sosis Pasta |
| 34 | Çikolatalı Mus | 52 | Beyaz Çikolatalı Sorbe |
| 36 | Çikolata ve Vişneli Muffin | 54 | Çikolatalı Tart |
| 38 | Çikolata ve Bademli Frigo | 56 | Çikolata ve Frambuazlı Küçük Tart |
| 40 | Pralinli Kanepe | 58 | Beyaz Çikolatalı Trüf Çeşitleri |
| 42 | Limonlu Beyaz Çikolata | 60 | Çikolata ve Kestaneli Bomba |
| 44 | Fındıklı Çikolata | 62 | Çikolatanın Temperlenmesi |
| 46 | Çikolata ve Çilekli Küçük Pasta | 63 | Çikolatalı İki Kolay Fikir |
| 48 | Krem Şokolalı Küçük Kâseler | | |

# Çikolata Parçalı Kurabiye

8-10 adet kurabiye
Hazırlama: 10 dakika
Hamurun dinlenmesi: 2 saat 45 dak.
Pişirme: 20 dakika

1 kahve kaşığı kuru maya
450 gr un
70 gr pudra şekeri
170 ml süt
1 çırpılmış yumurta
50 gr eritilmiş tereyağ
70 gr çikolata parçaları

**1.** Kuru mayayı, 3 çorba kaşığı ılık su ile sulandırın. 15 dakika dinlenmeye bırakın.

**2.** Ekmek makinanızın tavasının içerisine sırasıyla önce kuru malzemeleri - un, şeker- sonra ıslak malzemeleri -süt, yumurta, tereyağı, maya/su karışımı- koyun. Hamur yapma programını çalıştırın. (Yaklaşık 2 saat)

**3.** Fırınınızı 190 dereceye ayarlayıp, çalıştırın. Hamuru elinize alıp, içine yavaş yavaş çikolata parçalarını da katarak elinizde bir süre yoğurun. Hamuru 8 ila 10 parçaya bölün. Fırın tepsisinin üzerine yağlı kağıt serip, hamur parçalarını dizin. Oda sıcaklığında 30 dakika dinlenmeye bırakın.

**4.** Önceden ısıtmış olduğunuz fırına, tepsiyi yerleştirin ve kurabiyeleri yaklaşık 20 dakika pişirmeye bırakın.

**Tavsiyem:** *Ekmek makinanız yoksa, hamurun malzemelerini karıştırın ve elinizle 15 dak. yoğurun. Oda sıcaklığında 1 saat 30 dakika dinlendirin ve 3.ncü aşamadan devam edin.*

# Antep Fıstık ve Çikolatalı Browni

8 kişilik
Hazırlama: 15 dakika
Pişirme: 25 dakika

150 gr bitter çikolata (kakao oranı %60)
100 gr yarı-tuzlu tereyağı
2 yumurta
200 gr pudra şekeri
100 gr un
1 paket hamur kabartma tozu
100 gr tuzsuz ve kabuğu soyulmuş antep fıstığı

**1.** Fırını 180 dereceye ayarlayın ve çalıştırın. Tereyağı ve çikolatayı parçalara bölün. Benmari usulü eritin. (Bakınız Sayfa: 62)

**2.** Bir kapta, karışım beyazlaşana kadar, yumurta ve şekeri çırpın. İçine erimiş çikolata ve tereyağını katın.
Karışıma un, kabartma tozu ve antep fıstıklarını ekleyin.

**3.** Karışımı, yağlı kâğıt ile kaplanmış (20 x 20 cm) kare bir kabın içerisine dökün.

**4.** Fırında 25 dakika süresince pişirmeye bırakın. Piştikten sonra kaptan dışarı alın ve kare parçalar halinde servis edin.

# Kakao ve Tarçınlı Lezzet Bombaları

8 parça
Hazırlama: 15 dakika
Hamurun dinlenmesi: 24 saat
Pişirme: 50 dakika

300 ml süt
40 gr yarı-tuzlu tereyağ
3 yumurtanın sarısı
120 gr pudra şekeri
80 gr un
2 çorba kaşığı şekersiz kakao
Yarım kahve kaşığı tarçın

**1.** Bir kabın içerisinde, tereyağını sütle karıştırarak, kısık ateşte eritin.

**2.** Büyükçe bir kâsenin içerisinde yumurta sarılarıyla pudra şekerini çırpın. İçine un, kakao ve tarçını ekleyerek iyice karıştırın. İçine yavaş yavaş tereyağ ve sütlü karışımı yedirin.

**3.** Karışımı 24 saat buzdolabında dinlendirin.

**4.** Fırını 180 dereceye getirin. Karışımı küçük kek kalıplarına dökerek fırına verin. 50 dakika pişirmeye bırakın.

**Tavsiyem:** *Ben genelde -içinden çıkarması kolay olduğu için- silikon kek kalıpları kullanmayı tercih ediyorum.*

# Çikolatalı Karamel

25-30 parça karamel
Hazırlama: 5 dakika
Pişirme: 20-30 dakika

100 gr pudra şekeri
50 gr bal
75 gr tereyağ
50 gr krema
Sıvı yağ
100 gr bitter çikolata (kakao oranı %60)

**1.** Şeker, bal, tereyağ ve kremayı dibi kalın bir tencerede karıştırın. Ateşi kısığa ayarlayıp, tahta kaşıkla karıştırmaya devam edin. Bu arada çikolatayı benmari usulü eritin.

**2.** Ballı karışımı, köpüklenene kadar, karıştırarak pişirmeye devam edin. Karışımın rengi koyulaşıp, köpüklenme azalınca içine erimiş çikolatayı katın ve karıştırmaya devam edin.

**3.** Bir bardak soğuk suyun içine, bu karışımdan birkaç damla atın. Eğer bu damlalar sert toplara dönüşürlerse, karışım pişmiş demektir.

**4.** Karışımı, dibini yağladığınız bir tepsiye dökün ve soğumaya bırakın. İz kalabilir duruma gelince, yağladığınız bir bıçakla küçük kareler çizin.

**5.** Karameli kesmeden önce tamamen soğumasını bekleyin. Kare çizgilerin üzerinden giderek kesin. Karamelleri kapalı bir kapta muhafaza edin.

# Çikolata ve Limonlu Cheesecake

16 kare parça
Hazırlama: 30 dakika
Pişirme: Yaklaşık 45 dakika

200 gr un
100 gr yarı-tuzlu tereyağ (oda sıcaklığında yumuşamış)
3 çorba kaşığı şekersiz kakao
150 gr pudra şekeri
4 yumurta
400 gr labne peyniri
2 küçük limonun suyu

**1.** Fırını 180 dereceye getirerek çalıştırın. Çukur bir tabakta, tahta kaşıkla, un, 50 gr şeker, kakao ve parçalara böldüğünüz tereyağını karıştırın. Hamuru parmak uçlarınızla, kumlu dökülür hale gelene kadar karıştırın. İçine 1 yumurta kırın ve yumurtayı hamura yedirin.

**2.** Hamuru (20 x 20 cm) kare kabın dibini kaplayacak şekilde, bir yağlı kağıdın üzerine merdaneyle açın. Kabın içine yerleştirip fırına verin. 15 dakika pişirin.

**3.** Başka bir çukur kapta, 3 yumurtayı kalan şekerle çırpın. Labne peyniri ve limon suyunu ekleyin ve çırpmaya devam edin.

**4.** Bu karışımı, fırından yeni çıkardığınız pişmiş hamurun üzerine dökün. Tekrar fırına verin ve 25-30 dakika daha pişirin. Fırından çıkardıktan sonra, pişirme kabınızı soğumaya bırakın.

**Aklınızda olsun:** Kare yerine, yuvarlak veya dikdörtgen pişirme kabı da kullanabilirsiniz.

# Çikolatalı Aşk Kafesi

4 kişilik
Hazırlama: 30 dakika
Pişirme: 5 dakika
+1 saat buzdolabı

200 gr bitter çikolata (kakao oranı %60)
16 ince dilim kek
4 yumurta
120 gr pudra şekeri
150 ml krema

**1.** Çikolatayı benmari usulü eritin. (Bkz. Sayfa: 62) 4 dilim keki ufalayın.

**2.** Yumurtaları beyazlarından ayırın. Yumurtanın sarısı ve pudra şekerini erimiş çikolataya katın.

**3.** Yumurta beyazlarını karlaşıncaya kadar çırpın ve içerisine kremayı katıp karıştırın. Bir spatula yardımıyla, kremalı yumurta beyazını, çikolatalı karışıma yedirin. İçerisine kek kırıntılarını katın.

**4.** Kek dilimlerini, uzunlamasına kesin. 9 cm çapındaki bir kâsenin kenarlarını kek parçalarıyla sıvayın. Ortasına çikolatalı karışımı dökün ve 1 saat süreyle buzdolabında dinlendirin.

# Sıcak Çikolata

1 kişi için
Hazırlama: 2 dakika
Pişirme: 2 dakika

20 gr bitter çikolata (kakao oranı %60)
100 ml süt
20 gr pudra şekeri
Tarçın

**1.** Büyükçe bir cezvenin içine süt ve çikolatayı koyun. Kısık ateşte çikolatanın erimesini bekleyin.

**2.** Çikolata eridikten sonra, karışıma şeker ilave edin, kaynayıncaya kadar karıştırın.

**3.** Ocağın altını kapatın ve karışımı bir kupa bardağa veya büyük bir fincana alın.

**4.** En üste tarçın serperek servis yapın.

**Tavsiyem:** *Karışıma birkaç damla rom da ekleyebilirsiniz.*

# Çikolata ve Portakallı Kurabiye

20 adet kurabiye
Hazırlama: 15 dakika
Pişirme: 10-15 dakika

1 yumurta
140 gr esmer şeker
100 gr tereyağ (oda sıcaklığında yumuşamış)
200 gr un
Yarım kahve kaşığı kabartma tozu
80 gr bitter çikolata (kakao oranı %60)
1 küçük portakalın kabuğu (rendelenmiş)

**1.** Fırını 180 dereceye getirip çalıştırın.

**2.** Yumurtayı şekerle çırpın. İçine tereyağ, un ve kabartma tozunu ekleyin.

**3.** Çikolatayı küçük parçalara bölün. Portakal kabuğu rendeleri ile birlikte karışıma ekleyin ve yoğurun.

**4.** Hamurdan küçük parçalar koparıp, elinizde önce top haline getirin, sonra üzerlerine bastırarak yassılaştırın.

**5.** Yuvarlakları, üzeri yağlı kağıt ile kaplı fırın tepsisine (aralarında yeterince boşluk bırakarak) yerleştirin. 10-15 dakika pişmeye bırakın.

**Aklınızda olsun:** *Portakal yerine limon kabuğu rendesi de kullanabilir, karışıma ayrıca ceviz de ekleyebilirsiniz.*

**Tavsiyem:** *Portakal veya limonların kabuğunu, rendenin en ince tarafını kullanarak rendeleyin.*

# İngiliz Tarzı Krem Şokola

4 kişilik
Hazırlama: 5 dakika
Pişirme: 5-10 dakika

350 ml süt
1 paket şekerli vanilin
50 gr bitter çikolata (kakao oranı %60)
3 yumurta sarısı
75 gr pudra şekeri

**1.** Küçük bir tencereyi orta ateşin üzerine alın ve içine sütü ve parçalara böldüğünüz çikolatayı koyun. Çikolata sütün içinde erirerimez, ateşi söndürün.

**2.** Yumurtaların sarılarını şekerle birlikte iyice çırpın. İçerisine (hafif soğumuş) süt-çikolata karışımını dökün ve iyice karıştırın.

**3.** Karışımı, içine şekerli vanilini de ekledikten sonra tekrar ocağa alın. Yaklaşık 5 dakika kadar, sürekli karıştırarak, ısıtmaya devam edin. Karışımın hafif kabardığını hissedene, kaşığın sırtına yapıştığını görene dek karıştırmaya devam edin. Karışım kaynamaya başlamadan ocaktan alın.

**4.** Yanında dondurma veya kekle servis yapabilirsiniz.

**Tavsiyem:** *Karışım topaklanırsa, mikserden geçirin ve dinlenmeye bırakın.*

# Çikolata ve Muzlu Kırıntı Pastası

4 kişilik
Hazırlama: 10 dakika
Pişirme: 20-25 dakika

2 muz
100 gr bitter çikolata (kakao oranı %60)
80 gr yulaf ezmesi
80 gr un
80 gr tereyağ yarı-tuzlu
80 gr esmer şeker

**1.** Fırını 180 dereceye ayarlayarak çalıştırın. Bir kabın içerisine, yulaf ezmesi, un, tereyağ ve esmer şekeri dökün. Ellerinizle yoğurarak hamur haline getirin.

**2.** Muzun kabuklarını soyun ve rendeleyin. Çikolatayı küçük parçalara bölün.

**3.** Yüksek ısıya dayanıklı 4 cam kâsenin içine çikolata ve muzlu karışımı eşit miktarlarda paylaştırın. Üzerlerine, yulaf ezmeli karışımı dökün.

**4.** Kâseleri fırına koyun ve 20-25 dakika pişirmeye bırakın. Ilık veya soğuk olarak servis yapabilirsiniz.

**Tavsiyem:** *Muz yerine elma veya armut da kullanabilirsiniz.*

# Çikolata ve Bademli Kek

6-8 kişilik
Hazırlama: 20 dakika
Pişirme: 30 dakika

150 gr bitter çikolata (kakao oranı %60)
100 gr tereyağ
100 gr un
1 paket hamur kabartma tozu
4 yumurta
200 gr pudra şekeri
50 gr badem (toz haline getirilmiş)
1 tutam tuz

**1.** Fırını 180 dereceye ayarlayarak çalıştırın. Bir kabın içerisinde, tereyağ ve çikolatayı benmari usulü eritin. (Bkz. Sayfa: 62) Ayrı bir kabın içerisinde un ve kabartma tozunu karıştırın.

**2.** Yumurtaların sarılarını ve beyazlarını ayırın. Bir kabın içerisinde yumurtaların sarılarını, beyazlaşıncaya kadar, şeker ile çırpın. İçine erimiş çikolata ve tereyağı ile bademi dökün.

**3.** Yumurtanın beyazlarını, bir tutam tuzla birlikte, karlaşıncaya kadar ayrı bir yerde çırpın. Az önce hazırlamış olduğunuz karışımın içine, karlaşmış yumurta beyazlarını da ekleyin. 26-28 cm çapındaki bir tepsinin dibini yağlı kağıt ile kaplayın.

**4.** Karışımı üzerine dökün ve bir bıçağın yardımıyla üzerini düzleştirin. 30 dakika fırında pişirin. Keki tepsiden çıkarmadan önce soğumasını bekleyin.

**Tavsiyem:** *Yağlı kağıdınız yoksa, tepsiyi yağlayabilir veya benim gibi silikon kek kalıbı kullanabilirsiniz.*

# Beyaz Çikolata ve Frambuazlı Kek

6-8 kişilik
Hazırlama: 15 dakika
Pişirme: Ort. 25 dakika

100 gr beyaz çikolata
100 gr tereyağ
2 yumurta
100 gr pudra şekeri
170 gr un
1 paket kabartma tozu
50 gr beyaz çikolata parçaları
150 gr dondurulmuş veya taze frambuaz

**1.** Fırını önceden 180 derecede ısıtın. Tereyağ ve 100 gr beyaz çikolatayı benmari usulü eritin. (Bkz. Sayfa: 62)

**2.** Bir kâsede yumurtaları ve pudra şekerini, karışım iyice beyazlaşana kadar mikserle çırpın. Daha önce erittiğiniz tereyağ ve beyaz çikolatayı içine katıp, karıştırın.

**3.** Unun içine kabartma tozunu dökün ve unu iyice karıştırın. Az evvel elde ettiğiniz, yumurtalı ve beyaz çikolatalı karışımı içine dökün ve 50 gr beyaz çikolata parçalarını da ekleyip son kez karıştırın.

**4.** Tüm karışımı, (20 X 20 cm) kare formunda bir pişirme kabına aktarın. Kekinizi fırına koyun ve ortalama 25 dakika pişirin.

# Ultra Çikolatalı Ziyafet

4-6 kişilik
Hazırlama: 10 dakika
Pişirme: Ort. 15 dakika

150 gr bitter çikolata (kakao oranı %60)
80 gr tereyağ (oda sıcaklığında yumuşamış)
3 yumurta
100 gr pudra şekeri

**1.** Fırını önceden 180 derecede ısıtın. Tereyağ ve 150 gr bitter çikolatayı benmari usulü eritin. (Bkz. Sayfa:62) Ateşten alınca içine şekeri ekleyin.

**2.** Yumurtaların sarılarını ve beyazlarını ayırın. Sarıları, iyice karıştırarak çikolatalı karışıma ekleyin.

**3.** Yumurtanın beyazlarını, iyice karlaşana kadar çırpın. Çikolatalı karışımı, bir spatula yardımı ile özenle karıştırın.

**4.** Dibini yağlı kağıtla kapladığınız 26 cm çapındaki, yuvarlak pişirme kabına karışımı dökün. 15 dakika süreyle fırında pişirin.

# Çikolatalı Makaron

Yaklaşık 15 çiftli makaron
Hazırlama: 25 dakika
Hamurun dinlenmesi: 1 saat
Pişirme: 10-12 dakika

160 gr toz şeker
80 gr ince çekilmiş badem
3 çorba kaşığı kakao
2 yumurtanın beyazı
1 tutam tuz
20 gr pudra şekeri

**1.** Toz şekeri, ince çekilmiş badem ve kakao ile iyice karıştırın. Bir elekten geçirin.

**2.** Yumurta beyazlarını, bir tutam tuzu ekleyerek karlaşıncaya kadar çırpın. Pudra şekerini ilave ederek, karışım parlaklaşıncaya kadar çırpmaya devam edin. Bir spatula yardımıyla, içerisine kakaolu karışımı yedirin.

**3.** Beyaz kısımlar, tümüyle kahverengiye dönüşene kadar, spatulayla karıştırmaya devam edin.

**4.** Yağlı kağıt kaplı bir fırın tepsisine, krema sıkma torbası yardımıyla, küçük makaronlar kondurun. Aralarında yeterli mesafe bırakmaya dikkat edin. 1 saat kadar oda sıcaklığında dinlenmeye bırakın.

**5.** Önceden 180 derecede ısıtılmış fırında, 10-12 dakika pişirin. Damak zevkinize göre onları Nutella©, marmelat vb. ile servis etmeden önce, tepside soğumaya bırakın.

# Çikolata ve Antep Fıstıklı Mermer Kek

6 kişilik
Hazırlama: 20 dakika
Pişirme: 40 dakika

3 iri yumurta
200 gr un
1 paket hamur kabartma tozu
120 gr yarı-tuzlu tereyağ
100 gr pudra şekeri
80 gr bitter çikolata (kakao oranı %60)
1 kahve kaşığı antep fıstıklı ezme veya dövülmüş antep fıstığı içi
2 çorba kaşığı süt

**1.** Fırını 180 derecede ısıtın. Bir kâsenin içinde yumurtayı, un ve kabartma tozu ile çırpın.

**2.** Tereyağını eritip, şekerle birlikte karışıma ekleyin. Hamuru 2 eşit parçaya ayırın.

**3.** Çikolatayı benmari usulü eritip (Bkz. Sayfa: 62) parçalardan birinin içine katıp karıştırın. Antep fıstıklı ezmeyi sıcak süt ile sulandırın ve diğer parçanın içine katıp karıştırın.

**4.** Kek kalıbının içerisine çikolatalı hamurun yarısını birinci kat, sonra antep fıstıklı karışımın yarısını ikinci kat, çikolatalı hamurun kalanını üçüncü kat ve nihayet antep fıstıklı hamurun kalanını dördüncü kat olarak döküp, fırına verin. Yaklaşık 40 dakika pişirin.

**Tavsiyem:** *Keki kalıptan kolayca çıkarabilmek için ben silikon kalıp kullanmayı tercih ediyorum.*

# Çikolatalı Mus

4 Kişilik
Hazırlama: 15 dakika
Pişirme: 3 dakika
+1 saat buzdolabı

100 gr bitter çikolata (kakao oranı %60)
3 yumurta
50 gr pudra şekeri
1 tutam tuz

**1.** Çikolatayı benmari usulü eritin. (Bkz. Sayfa: 62)

**2.** Yumurtaların sarıları ile beyazlarını ayırın. Sarıları şekerle karıştırın. İçerisine erimiş çikolatayı ekleyin.

**3.** Yumurtaların beyazlarını, bir tutam tuz atarak, kar beyazı olana kadar çırpın. Karlaşan yumurta beyazlarını, çikolatalı karışıma, azar azar ekleyerek, spatula yardımıyla, (aşağıdan yukarıya dairesel hareketlerle) karıştırmaya devam edin.

**4.** Mus hazırdır. Misafirlerinize servis yapacağınız kâselere veya kupalara paylaştırarak, buzlukta 1 saat bekletmeye alın.

# Çikolata ve Vişneli Muffin

6 adet Muffin
Hazırlama: 15 dakika
Pişirme: 25 dakika

60 gr bitter çikolata (kakao oranı %60)
60 gr tereyağ
2 yumurta
100 gr pudra şekeri
60 gr un
1/2 kahve kaşığı kabartma tozu
1/2 kahve kaşığı toz zencefil
50 gr taze veya dondurulmuş vişne
1 çorba kaşığı zeytinyağ

**1.** Çikolata ve tereyağı küçük parçalara bölün. Benmari usulü eritin. (Bkz. Sayfa: 62)

**2.** Bir kâsede yumurtaları şekerle çırpın. Karışıma erittiğiniz çikolata ve yağ ile kalan malzemenin tamamını ekleyin.

**3.** Fırını 180 derecede ısıtın. Muffin kalıplarınızı hafifçe yağlayıp, karışımı kalıplara paylaştırın.

**4.** Kalıplarınızı fırına verin ve yaklaşık 25 dakika pişirin. Muffinleri kalıptan çıkarmadan önce soğumaya bırakın.

**Aklınızda Olsun:** *Vişne yerine frambuaz veya yaban mersini kullanabilirsiniz.*

# Çikolata ve Bademli Frigo

2 Kişilik
Hazırlama: 15 dakika
Pişirme: 2 dakika
+ 5 saat dondurucu

50 gr bitter çikolata (kakao oranı %60)
40 gr badem içi
35 gr bal
2 yumurtanın beyazı
120 ml krema
1 tutam tuz

**1.** Çikolatayı benmari usulü eritin. (Bkz. Sayfa: 62) Bademleri, küçük parçalar haline gelene kadar dövün.

**2.** Balı, 1 çorba kaşığı ılık su ile hafifçe sulandırın. Yumurta beyazlarını, içine bir parça tuz atarak, karlaşıncaya kadar çırpın. Yumurta beyazlarını, içine balı azar azar yedirerek çırpmaya devam edin. Kremayı ayrı bir yerde çırpıp, karışımın içine katın.

**3.** Erimiş çikolata ve badem içini de karışıma ekleyip, son kez karıştırdıktan sonra, 10'ar cm çapında 2 kâseye bölüştürerek dökün.

**4.** Kâseleri 5 saat süreyle buzluğa koyun ve servis yapmadan 15 dakika önce çıkarın. Servis için, kâseleri birer düz tabak üzerine ters çevirerek, tabak transferi yapın.

**Tavsiyem:** *Frigoların üzerine, fındık veya badem serperek servis yapabilirsiniz.*

# Pralinli Kanepe

2-3 kişilik
Hazırlama: 5 dakika
Pişirme: 2 dakika

200 gr Pralin
150 ml şekerli konsantre süt
50 ml krema

**1.** Pralini küçük parçalara bölün ve bu parçaları büyük bir kâseye koyun.

**2.** Üzerine, konsantre süt ve kremayı ekleyin. Hepsini, pralin eriyene kadar benmari usulü ısıtın.

**3.** İyice karıştırıp, reçel kavanozlarına boşaltın. Soğumaya bırakın ve buzdolabında muhafaza edin.

**4.** Bu lezzetli pralini, bir dilim ekmeğin üzerine veya bir krepin içine sürerek servis yapabilirsiniz.

**Tavsiyem:** *Pralini buzdolabında 2 ay süreyle muhafaza edebilirsiniz.*

# Limonlu Beyaz Çikolata

20 parça çikolata
Hazırlama: 50 dakika
Pişirme: 5 dakika
+ 2 saat 15 dak. buzdolabı

Kabuk:
180 gr beyaz kuvertür çikolata

İç:
160 gr beyaz çikolata
60 gr krema
2 kahve kaşığı limon suyu
1 kahve kaşığı limon kabuğu rendesi

**1.** Beyaz kuvertür çikolatasını küçük parçalara bölün ve benmari usulü (Bkz. Sayfa: 62) eritin. Küçük bir fırça yardımıyla, buz kalıplarının iç yüzeyini erimiş kuvertür çikolata ile sıvayın. Kalıpları, çikolatanın sertleşmesi için 15 dak. süreyle buzdolabına kaldırın. Sonra, bir kat daha çikolata sürüp, tekrar buzdolabına koyun.

**2.** Bir küçük tencerede beyaz çikolatanın üzerine kremayı ekleyip, kısık ateşte eritin. İçine limon suyu ve limon kabuğu rendesini katın. İyice karıştırdıktan sonra, karışımı (içi beyaz kuvertür çikolata ile sıvanmış) kalıpların içine dökün. Kalıpları buzdolabında 1 saat süreyle bekletin.

**3.** Kalan kuvertür çikolatasını, tekrar eritip, kalıplara dökerek, çikolata parçalarının üzerlerini kaplayın. Limonlu beyaz çikolatalarınızı kalıplardan çıkarmadan evvel, 1 saat daha buzdolabına bırakın.

# Fındıklı Çikolata

20 parça çikolata
Hazırlama: 50 dakika
Pişirme: 5 dakika
+ 2 saat 15 dak. buzdolabı

Kabuk:
180 gr bitter kuvertür çikolata
(kakao oranı %60)

İç:
150 gr sütlü çikolata
60 gr krema
40 gr dövülmüş fındık içi

**1.** Bitter kuvertür çikolatasını küçük parçalara bölün ve benmari usulü (Bkz. Sayfa: 62) eritin. Küçük bir fırça yardımıyla, buz kalıplarının iç yüzeyini erimiş kuvertür çikolata ile sıvayın. Kalıpları, çikolatanın sertleşmesi için 15 dak. süreyle buzdolabına kaldırın. Sonra, bir kat daha çikolata sürüp, tekrar buzdolabına koyun.

**2.** Bir küçük tencereye sütlü çikolatanın üzerine kremayı ekleyip, kısık ateşte eritin. İçine dövülmüş fındığı katın. İyice karıştırdıktan sonra, karışımı (içi bitter kuvertür çikolata ile sıvanmış) kalıpların içine dökün. Kalıpları buzdolabında 1 saat süreyle bekletin.

**3.** Kalan kuvertür çikolatasını, tekrar eritip, kalıplara dökerek, çikolata parçalarının üzerlerini kaplayın. Fındıklı çikolatalarınızı kalıplardan çıkarmadan evvel, 1 saat daha buzdolabına bırakın.

# Çikolata ve Çilekli Küçük Pasta

4 kişilik
Hazırlama: 20 dakika
Pişirme: 5 dakika
+4 saat buzdolabı

**Hamur:**
10 adet pötibör bisküvi
2 çorba kaşığı süt

**Mus:**
2 yaprak jelatin
40 gr bitter çikolata (kakao oranı %60)
80 ml şekersiz konsantre süt
4 çorba kaşığı pudra şekeri
2 yumurta beyazı
1 tutam tuz
20 adet küçük çilek

**1.** 6 cm çapında 4 kâseyi kalıp olarak kullanın. Bisküvileri kırın, sütle yumuşatıp ıslak bir kıvama getirin. Karışımı kâselere bölüştürün.

**2.** Büyükçe bir kâsenin içine koyacağınız soğuk suyun içerisinde, jelatin yapraklarını 10 dakika yumuşamaya bırakın. Çikolatayı, konsantre sütle beraber, kısık ateşte eritin. İçine jelatin yapraklarını koyun ve ateşi kapatın. İyice karıştırdıktan sonra şekeri ekleyin. Ilımaya bırakın.

**3.** Yumurta beyazlarını, bir tutam tuzla birlikte karlaşıncaya kadar çırpın. Çikolatalı karışıma, çatalla karıştırarak katın.

**4.** Çilekleri yıkayın, yapraklarını kopararak, boylamasına doğrayın. Kâselerin, iç duvarlarını çileklerle sıvayın. Mus karışımını kâselerin içine dikkatlice dökün. 4 saat boyunca buzdolabında bekletin ve kâseleri ters çevirerek, küçük pastalarınızı servis tabaklarına aktarın.

# Krem Şokolalı Küçük Kâseler

2 kişilik
Hazırlama: 10 dakika
Pişirme: 2 dakika
+ 4 saat buzdolabı

80 gr bitter çikolata (kakao oranı %60)
50 ml krema
50 ml süt
1 yumurta

**1.** Çikolatayı küçük parçalara bölerek, benmari usulü eritin. Mikserle iyice çırpın.

**2.** Süt ve kremayı birlikte ateşe koyun, kaynar kaynamaz ateşten alın.

**3.** Süt-krema karışımını çikolataya katın ve tekrar çırpın. Karışım ılınınca, içerisine 1 yumurtayı kırın ve çırpmaya devam edin.

**4.** Krem şokolanızı, servis yapacağınız kâselere paylaştırın ve 4 saat süreyle buzdolabında bekletin. Sonra hiç beklemeden tadın!

# Bonibon® ve Pötibör Bisküvili Sosis Pasta

4-6 kişilik
Hazırlama: 15 dakika
Pişirme: 5 dakika
+ 3-4 saat buzdolabı

3 adet pötibör bisküvi
100 gr bitter çikolata (kakao oranı %60)
50 gr tereyağ
25 gr pudra şekeri
50 gr Bonibon® Şeker (isteğe bağlı)
50 gr tuzsuz antep fıstığı içi

**1.** Pötibör bisküvileri iri parçalara bölün.

**2.** Bir büyük kâsenin içerisinde çikolatayı tereyağ ile birlikte benmari usulü eritin. Şekeri ekleyerek, soğumaya bırakın.

**3.** Karışımın içerisine Pötibör bisküviler ile Bonibon® şekerleri ve antep fıstıkları atıp karıştırın.

**4.** Tezgahınıza, büyük bir parça stretch film serin. Karışımı üzerine boşaltın. Stretch filmin dış tarafından, pastaya elinizle biçim verin. 3-4 saat süreyle buzdolabında beklettikten sonra servis yapın.

**Tavsiyem:** Sosis pastayı servis yapmadan evvel, toz şekerin üzerinde yuvarlayabilirsiniz.

# Beyaz Çikolatalı Sorbe

4-6 kişilik
Hazırlama: 10 dakika
Pişirme: 3 dakika
+ 1 saat buzdolabı

150 ml süt
150 gr beyaz çikolata
400 gr tuzsuz beyaz peynir
5 çorba kaşığı menekşe şurubu(*)

**1.** Sütü küçük bir tencerede kaynatın. Ateşi kısın ve içine çikolatayı atarak erimeye bırakın. Çikolata eridikten sonra ateşi söndürün.

**2.** Peyniri ezin ve çikolatalı sütün içine, menekşe şurubu ile birlikte ekleyin. Bu karışımı 1 saat süreyle buzdolabında bekletin.

**3.** Karışımı büyükçe bir kabın içinde buzluğa kaldırın. İkram edeceğiniz zaman, dondurma kaşığı kullanarak, toplar halinde servis yapın.

(*) Ç.N. Yurtdışından kolaylıkla getirtebileceğiniz menekşe şurubu aslen Osmanlı mutfağının bir ürünüdür. Kendiniz evde yapmak isterseniz; 200 gr menekşe çiçeğinin yapraklarını 2 su bardağı şekere basın. 1-2 saat dinlendirdikten sonra, yapraklar ile şekeri yoğurun. Menekşenin kokusu şekere geçsin. İçerisine 4 bardak su eklendikten sonra kaynatın. Şurubun tadı, damak lezzetinize göre uygun hale geldikten sonra, ateşten alın, elekten geçirerek bir şişeye boşaltın. Şurubunuz hazırdır.

# Çikolatalı Tart

6 kişilik
Hazırlama: 20 dakika
Hamurun dinlenmesi: 30 dakika
Pişirme: 25 dakika
+ 2-3 saat buzdolabı

200 gr un
100 gr yarı-tuzlu tereyağ
100 gr pudra şekeri
300 gr bitter çikolata (kakao oranı %60)
1 yumurta
200 ml krema
100 ml süt

**1.** Un, 50 gram pudra şekerini ve küçük parçalara böldüğünüz tereyağını büyük bir kaba koyun. Parmak uçlarınızla tereyağı parçalarını ezin. Bir yumurtayı çırpın ve unlu karışıma atıp, yoğurun. Elde ettiğiniz hamuru 30 dakika süreyle buzdolabında dinlendirin.

**2.** Fırını 180 dereceye ayarlayıp çalıştırın. Hamuru 26-28 cm çapında bir tart kalıbının dibine ve kenarlarına sıvayın. Tart hamurunuzu 25 dakika süreyle fırında pişirin.

**3.** Büyükçe bir kâsenin içine çikolataları parçalara bölüp atın. Süt ve kremayı birlikte kaynatın. Çikolatanın üzerine döküp, homojen bir karışım elde edene kadar karıştırın. Üzerine pudra şekerinin kalanını dökün.

**4.** Bu karışımı, pişmiş ve soğumuş tart hamurunun üzerine dökün. Servis yapmadan önce 2-3 saat buzdolabında dinlendirin.

# Çikolata ve Frambuazlı Küçük Tart

4 küçük tart
Hazırlama: 30 dakika
Hamurun dinlenmesi: 30 dakika
Pişirme: 30 dakika

150 gr un
100 gr tereyağ
1 tutam tuz
120 gr bitter çikolata (kakao oranı %60)
70 ml krema
50 gr pudra şekeri
1 yumurta
1 kâse taze frambuaz

**1.** Bir çanağın içine un, tuz ve küçük parçalara böleceğiniz tereyağını koyun. Tereyağını parmaklarınızın ucuyla ezin. 40 ml soğuk su ekleyin ve hepsini karıştırın. Kıvamlı bir hamur elde ettikten sonra, 30 dakika buzdolabında dinlenmeye bırakın.

**2.** Fırını 180 dereceye ayarlayıp çalıştırın. Hamuru 4 parçaya bölün ve her parçayı, 8 cm çapındaki tart kalıplarının dibine ve kenarlarına sıvayın. Kalıpları fırında 15 dakika pişirin.

**3.** Çikolatayı benmari usulü (Bkz. Sayfa: 62) eritin. Ayrı bir yerde yumurtayı çırpın. Çikolatanın içerisine çırpılmış yumurtayı, şekeri ve kremayı ekleyerek iyice karıştırın. Bu karışımı, az pişmiş tart hamurlarının üzerlerine dökün.

**4.** Tartlarınızı tekrar fırına koyun ve 15 dakika süreyle tekrar pişirin. Fırından aldıktan sonra soğumaya bırakıp, frambuazlarla süsleyerek servis yapın.

# Beyaz Çikolatalı Trüf Çeşitleri

20 trüf
Hazırlama: 30 dakika
+1 saat 30 dak. buzdolabı
Pişirme: 5 dakika

Tutku Meyveli Trüfler:
200 gr beyaz çikolata
4 çorba kaşığı krema
2 tutku meyvesi(*)
Hindistancevizi rendesi

Yeşil Çaylı Trüfler:
200 gr beyaz çikolata
1 kahve kaşığı yeşil çay (toz halde)
6 çorba kaşığı krema
Dövülmüş antep fıstığı içi

Tutku Meyveli Trüfler:

**1.** Beyaz çikolatayı benmari usulü eritin. İçerisine krema ve tutku meyvelerinin etli kısımlarını katıp karıştırın. Trüf hamurunu 1 saat 30 dak. süreyle buzdolabında dinlendirin.

**2.** Bir kaşıkla küçük parçalar koparıp, elinizde top haline getirin ve hindistancevizinin üzerinde yuvarlayın. Trüfleri buzdolabında muhafaza edin.

Yeşil Çaylı Trüfler:

**1.** Beyaz çikolatayı benmari usulü eritin. Yeşil çayı kremanın içine atın ve bu karışımı beyaz çikolataya katın. Trüf hamurunu 1 saat 30 dak. süreyle buzdolabında dinlendirin.

**2.** Bir kaşık yardımıyla küçük parçalar koparıp, elinizde top haline getirin ve dövülmüş antep fıstığının üzerinde yuvarlayın. Trüfleri buzdolabında muhafaza edin.

(*) Ç.N. Tutku meyvesi (Passion Fruit), pasiflora meyvesi olarak da tanınır. Lüks ürünler satan manavlardan temin edilebilir.

# Çikolata ve Kestaneli Bomba

4 kişilik
Hazırlama: 10 dakika
Pişirme işlemi yok
+1 saat buzdolabı

8 çikolatalı makaron
250 gr limonlu yoğurt (*)
50 ml süt
4 çorba kaşığı kestane şekeri

**1.** Makaronları kırın ve bombaları servis yapacağınız bardakların dibine paylaştırın.

**2.** Limonlu yoğurt ve sütü karıştırıp, makaronların üzerlerine dökün.

**3.** Kestane şekerlerini ezin ve bardakların içine üçüncü kat olarak dökün.

**4.** Servis yapmadan önce 1 saat süreyle buzdolabında dinlendirin.

(*) Ç.N. Limonlu yoğurdu, 1 çorba kaşığı limon rendesi, 1 limonun suyu ve 2 çorba kaşığı pudra şekeri ile hazırlayabilirsiniz.

**Tavsiyem:** Makaron karışımının üzerine, arzunuza göre alkollü içki (Rom, amaretto, Malibu®...) damlatabilirsiniz.

# Çikolatanın Temperlenmesi

Çikolatanın doğru lezzette ve parlak olarak tekrar donabilmesi için, "ölçülü" bir şekilde "temperlenmesi" (eritilmesi) gerekir. Çikolatanın ısısını kesin olarak takip edebilmek için, bu operasyon bir şeker termometresi kullanılarak gerçekleştirilmelidir. Doğru temperlerseniz, çikolatanız sanat şaheserleri yapabilmeniz için hazır demektir.

Çikolatayı bir benmari tenceresinde yada sıcak su havuzuna yerleştirilmiş bir kâsede eritin. Kullanacağınız su sıcak olmalı, ancak kaynar olmamalıdır. Çikolata bütünüyle pürüzsüz kıvama gelene kadar ve şeker termometresi 45 dereceye ulaşana kadar, 5-7 dakika tahta kaşıkla karıştırın. Erimiş çikolata kâsesini, içinde soğuk su bulunan bir başka kâseye yerleştirin. Sık sık karıştırarak termometrenin 27 dereceye inmesini 3-5 dakika bekleyin. Sonra çikolatayı yeniden sıcak su kâsesine oturtup 31 dereceye kadar ısıtın. Çikolatanız kullanıma hazırdır.

## Benmari Usulü Eritme

Çikolatayı eritmek için en iyi yöntem, yavaş ve yakma riski az olduğu için benmaridir. Bir kâsenin içerisine çikolataları parçalayarak, bu kâseyi, içerisinde sıcak su bulunan daha büyük boy bir kâsenin içerisine koymak yeterlidir. Çikolata tümüyle eriyene kadar, ara ara karıştırmak gerekir.

İyi sonuç almak için, ben size, minimum %60 oranında kakao içeren kuvertür çikolatası kullanmanızı öneririm. Ben Valrhona® marka çikolata kullanmayı tercih ediyorum.

# Çikolatalı İki Kolay Fikir

### Madlenler:

**1.** Yağlı kağıdın üzerine, tempere edilmiş çikolatadan birer kaşık alıp dökün. Döktüğünüz çikolatalar, yayılacak ve yuvarlaklar oluşturacaklardır.

**2.** Üzerlerine kuru meyve parçaları koyun.

**3.** Buzdolabında 15 dakika bekletin.

### Portakallı Çikolatalar:

**1.** Portakal kabuğu reçelinin tanelerini, bir maşa yardımıyla tempere edilmiş çikolataya batırın.

**2.** Fazla çikolatanın üzerlerinden akmasını bekleyip, bir yağlı kağıt üzerine bu parçaları dizin.

**3.** Buzdolabında 30 dakika bekletin.

## Teşekkürler

Ligne Claire - 6, boulevard Garibaldi - 75015 Paris
Sabre - 4, rue des Quatre-Vents - 75006 Paris
dekorasyon evlerine.

Brigitte, Alice, Delphine ve Anne-Claire'e damak zevkleri için.

## Yazar Hakkında

Marie-Laure Tombini, İspanyol olan babaannesi ve Faslı olan dedesinin yemeklerini yiyerek, Fransa'nın güneyinde büyüdü. Yemek ve fotoğraf konularına tutkuyla bağlı olan Marie-Laure'un 20'yi aşkın yemek kitabı ve bir web sitesi var. Odelices.com adresinde, yemek tariflerini, tavsiyelerini ve forumlarını takip eden günlük 4000 ziyaretçisi bulunmakta.

www.ingramcontent.com/pod-product-compliance
Lightning Source LLC
LaVergne TN
LVHW010026070426
835510LV00001B/2